LA COMÉDIENNE
IMPROVISÉE,

PAR

MM. VALORY ET SAINT-GERVAIS,

VAUDEVILLE EN UN ACTE,

Représenté, pour la première fois, au théâtre des Folies-Dramatiques,
le 3 janvier 1833.

PRIX : 50 C.

PARIS,
BARBA, PALAIS - ROYAL.

1833.

PERSONNAGES.	*ACTEURS.*
M. SENTFORT, marchand de moutarde retiré. .	MM. AMANT.
HYACINTHE-NARCISSE VERJUS, jeune vinaigrier.	PALAISEAU.
AURÉLIE, jeune veuve, nièce de M. Sentfort.	Mmes. THÉODORINE.
ROSINE, sœur de lait d'Aurélie.	ÉLISE.
Mme AMANDA, sœur de M. Sentfort.	DELILLE.
JEANNETTE, servante de M. Sentfort. . . .	LÉONTINE.

Le Théâtre represente le salon d'une petite campagne près de Ménil-Montant.

LA COMÉDIENNE IMPROVISÉE,

VAUDEVILLE EN UN ACTE.

SCÈNE PREMIÈRE.

SENTFORT, AURÉLIE, AMANDA, JEANNETTE.

SENTFORT.

As-tu donc juré, Aurélie, de ne jamais me répondre catégoriquement quand je touche à la corde du mariage?

AMANDA.

Mais, mon frère, vous l'intimidez par vos questions.

SENTFORT.

L'intimider.... une veuve! Il me semble qu'il n'y a rien d'effrayant pour la timidité à demander à ma nièce si son cœur soupire après le jour des noces.

AMANDA.

Ah! mon frère, taisez-vous donc, vous me faites rougir moi-même; est-ce qu'on dit de ces choses-là à notre sexe? Réellement vous avez pris de singulières manières depuis que vous êtes retiré de votre commerce de moutarde.

SENTFORT.

Vous n'aimez pas le piquant, ma sœur? La plaisanterie donne du montant à la conversation.

AMANDA.

Graine de niais.... mon frère. Dépêchons-nous de déjeûner, et ne perdez pas de temps à peser la dose d'affection qu'Aurélie aura pour M. Hyacinthe Verjus, l'époux que vous lui destinez, et qu'elle n'a jamais vu.

SENTFORT.

Elle fera connaissance avec lui; c'est que c'est mon protégé, lui, bien que je ne le connaisse que par les rapports indirects de moutardier à moutardier. On dit que le jeune homme est un des plus forts de la partie; et tant mieux: il nous faut des forts pour soutenir l'honneur du corps, aujourd'hui que le charlatanisme bat notre art en brèche de tous les côtés..... La moutarde pure se perd tous les jours; ils la dénaturent de toutes les manières : moutarde à l'estragon, moutarde aux pistaches, moutarde à la ravigotte. On n'y reconnaît plus rien, ma parole d'honneur; c'est honteux pour l'art, et humiliant pour ceux qui l'ont cultivé.

AURÉLIE.

Ainsi, mon oncle, vous êtes bien décidé à m'établir dans le vinaigre?

SENTFORT.

Il est sûr et certain que cela ne fait pas l'ombre d'un doute.... (*A Jeannette, qui a servi un plat.*) Encore des côtelettes brûlées... Jeannette, c'est la troisième fois depuis deux jours.

JEANNETTE.

Ah! je vois c'que c'est : elles auront été saisies par le feu.

SENTFORT.

Je vois ce que c'est aussi, moi : tu auras encore quitté ta cuisine, comme cela t'arrive tous les jours, pour aller flaner à Ménil-Montant, à la maison des Saint-Simoniens.

JEANNETTE.

Eh bien! moi, je les aime ces hommes-là!

SENTFORT.

Et moi je n'aime pas les dîners brûlés. A la première fricassée manquée je te renvoie.... entends-tu ?

JEANNETTE.

Ah ! v'la maintenant que vous allez me martyriser ; mais, le martyre, loin d'affaiblir celui qu'on fait souffrir, ne fait qu'agrandir son désir de réussir.

SENTFORT.

Vas-tu finir, avec tes idées qui font tourner toutes les sauces ? Vous allez voir Jeannette saint-simonienne un de ces jours.

JEANNETTE.

Pourquoi pas ? Partout où il y aura des fourneaux, des chaudières et des casserolles, v'la ma capacité toute placée, comme dit le père..... le père..... le père chose.

SENTFORT.

Te tairas-tu ?

JEANNETTE, *baissant la voix.*

C'est égal...... les saint-simoniens c'est l'ami des femmes..... et j'dis à toutes celles que je ne connais pas....

AIR : *De Robert-le-Diable.*

Faites-vous Saint-Simonienne,
C'est la loi du vrai bonheur ;
C'te r'ligion-là c'est la mienne,
J'donne dedans de tout mon cœur.

Faut voir comment s'exerce
Chez eux l'alaitement d'un poupon,
C'est l'pèr' suprêm' qui berce
Et qui sèvre le nourrisson.

C'est un ancien tailleur des gendarmes qui fait les layettes. Après le sevrage, on mêle tous les enfans ensemble comme un boisseau d'avoine, de manière à c'qu'on ne les reconnaisse plus. Y n'y a plus ni pères, ni mères, ni oncles, ni tantes ; tout çà est aboli ; les familles, c'est embêtant....

Les apôtres en calottes
Font ; ma foi, d'fort' jolis garçons,
Les femm's portent culottes,
Et les hommes sont en jupons.

Ils ont changé le code.... Vous savez ben c't'infâme artiq' 213, qui dit que la femme doit obéissance à son mari ; les saint-simoniens n'veulent pas d'çà pour deux sous...... ils disent, eux, que c'est l'mari qui doit obéissance à son épouse, et qu'il doit d'mander permission pour aller au billard ou à l'estaminet. Ainsi, Mesdames....

Faites-vous Saint-Simoniennes, etc., etc.

SENTFORT.

Silence, apôtre immoral et femelle... Quels affreux principes! Crois-tu que je souffrirai que tu les propageasses dans mon domicile?

AMANDA.

Nous ne souffrirons pas que vous les propageassiez. Mais, mon frère, hâtez-vous ; nous serons en retard pour notre visite.

SENTFORT.

De Ménil-Montant à Belleville il n'y a pas un quart-d'heure pour un caporal de la garde nationale.

AMANDA.

Mais moi, mon frère, qui ne fais pas partie de ce corps agréable....

SENTFORT.

Je vous donnerai le pas, ma sœur. Avec votre châle et votre parasol, vous aurez l'air d'un bizet mauvaise tête qui ne veut pas se mettre en uniforme..... Jeannette, ma canne et mon chapeau.

JEANNETTE.

Un chapeau ! j'vous d'mande un peu s'il ne vaudrait pas mieux que j'vous donne un'calotte?

SENTFORT.

Comment une calotte !... insolente !...

JEANNETTE.

Une calotte comme celle des saint-simoniens.

SENTFORT.

Tais-toi... Adieu, ma nièce; nous ne reviendrons que ce soir; sans doute l'on nous retiendra à dîner.... Donne-moi un pot de moutarde, que je porte ma part du festin. Ma sœur, par le flanc droit.... par file à gauche, marche!.... arme à volonté!

(*Il met son parasol sur l'épaule.*)

AIR : *La nuit porte conseil.*

Allons, venez ma sœur,
Et ne nous faisons pas attendre,
Sous mon bras v'nez apprendre
A marcher au pas d' voltigeur.
Soyons exacts, j'ai dit
Onz' heures, heur' militaire,
Ma chère
Il faut d'ici
Partir, il est midi.
Venez sans plus de lenteur, etc.

(*Sentfort et Amanda sortent.*)

SCÈNE II.

AURÉLIE, JEANNETTE.

AURÉLIE, *à part.*

Il paraît que c'est définitivement arrêté; résister aux volontés de mon oncle, ce serait hâter encore le moment du mariage; il ne fait pas bon à faire de l'opposition avec lui.

JEANNETTE.

C'est une abomination.

AURÉLIE.

N'est-ce pas, Jeannette?

JEANNETTE.

Pauvres femmes ! ah ! quand je pense qu'un père, une mère ou un tuteur, ont le droit de dire à chacune de vous : Il faut que tu prennes un maître, un despote, un Turc, un mari enfin.... C'est la traite des Nègres, c'est un commerce infâme dans lequel la femme est absolument une marchandise comme un sac de farine ou un boisseau de pommes de terre.

AURÉLIE.

Son indignation me fait rire.

JEANNETTE.

J'vous d'mande un peu s'il y a du sens commun de faire épouser un garçon vinaigrier à une jeune fille qui ne peut même pas sentir les cornichons. Ah ! si j'étais que d'vous... mon parti s'rait bentôt pris.... Mais faites-vous donc saint-simonienne !

AURÉLIE.

Le remède serait pire que le mal.

JEANNETTE.

Au moins là les mariages ne sont pas gênans : le père vous dit : Mes enfants, il faut des époux assortis ; cherchez et assortissez-vous. On cherche et on s'assortit, et puis après qu'on s'est assorti, on se désassortit pour se rassortir, et ainsi de suite.

AURÉLIE.

On monte l'escalier ; c'est Rosine, c'est ma sœur de lait.

SCÈNE III.

LES MÊMES, ROSINE.

AURÉLIE, ROSINE,

Ensemble.

Te voilà, (*bis.*)
O mon amie
Chérie,
En te voyant, mon cœur
Palpite de bonheur.

(*Elles s'embrassent.*)

ROSINE.

Ma chère Aurélie !.... c'est un miracle de te voir.

AURÉLIE.

D'où viens tu ? que fais-tu ? es-tu heureuse ?

ROSINE.

J'habite Paris depuis quelques mois. N'ayant d'autres ressources que mon travail, je me suis fait couturière en robes; et, comme j'ai appris que ton mariage était prochain, je me suis dit : Voici une belle occasion d'aller solliciter la pratique de ma bonne sœur de lait.

AURÉLIE.

Tu n'avais pas besoin de cette circonstance pour être certaine que je saisirais avec empressement toutes les occasions de pouvoir t'être agréable; et es-tu contente ?

ROSINE.

De mon état, oui.... J'ai beaucoup d'ouvrage, peu de brillantes pratiques, mais beaucoup de bonnes; et si la félicité se trouvait dans les besoins de l'existence satisfaits, mon peu d'ambition me ferait croire la plus heureuse des femmes, mais.....

AURÉLIE.

Ah ! je devine : ta tête exaltée ne s'est pas démentie; et les peines du cœur, les sympathies contrariées, seront venues..... Conte-moi cela; tu sais que je suis une bonne conseillère.

ROSINE.

A notre dernière entrevue, je n'eus rien de caché pour toi; ton amie n'est pas devenue moins confiante, et elle peut déposer ses aveux dans ton cœur. Je t'ai dit, ma chère Aurélie, qu'un jeune homme à tête ardente avait obtenu ma tendresse.

AIR : *De l'Angelus.*

Déjà je rêvais le bonheur,
Les douceurs d'un heureux ménage,
Quand la discorde et son horreur
Dans Paris promenant sa rage,

Couvrit mes beaux jours d'un nuage :
Mon amant affronte le sort,
Et suit ceux que l'émeute assemble ;
Il tombe, et le coup de sa mort
A frappé nos deux cœurs ensemble. (*bis.*)

JEANNETTE, *à part.*

La v'la désassortie, c'est l'moment d'la rassortir.

AURÉLIE.

Pauvre Rosine !... Et comment as-tu appris ce malheur ?

ROSINE.

Il m'écrivit de son lit de mort. Tiens, voici son billet. (*Aurélie le prend et lit.*) Tu le vois, il me parle de nos lettres, des gages de notre tendresse, qu'il a confiés à des mains sûres.....

AURÉLIE.

Que vois-je ?... la signature..... Narcisse Verjus.... Est-ce un vinaigrier ?

ROSINE.

Précisément.

AURÉLIE.

Il n'est pas mort.

ROSINE.

Comment sais-tu ?....

AURÉLIE.

C'est le futur époux que mon oncle me destine.

ROSINE.

Je devine tout à présent. Le perfide !

JEANNETTE, *à part.*

Il s'est tué pour ne pas vivre avec elle : monstres d'hommes, va ! (*On sonne.*) On y va ! (*On sonne plus fort.*) Celui-là a des capacités de carillonneur.

(*Elle sort.*)

SCÈNE IV.

AURÉLIE, ROSINE.

ROSINE.

Vois ma faiblesse : malgré son indigne conduite, je sens que je l'aime encore.

AURÉLIE.

Tu es venue ici fort à propos : car, sans m'en douter, en obéissant à mon oncle, j'aurais pu augmenter tes chagrins.

JEANNETTE, *rentrant.*

Ah ! mon dieu ! comme il sent le vinaigre !... Mesdames, mesdames, ou ce jeune homme vient de se trouver mal, ou bien c'est votre moutardier en question.....

AURÉLIE.

Narcisse ?....

ROSINE, *regardant.*

Lui-même.

AURÉLIE.

Ma chère amie, suis-moi; il me vient une idée; peut-être serai-je assez heureuse pour te rendre ton amant. Je garde ton billet, il pourra m'être utile.

AIR : *de Fiorella.*

Ensemble.

AURÉLIE.	ROSINE.
Espérance, Confiance, Pour toi l'amitié veillera. Pour Rosine, J'imagine Un projet qui réussira.	Espérance, Confiance, Pour moi l'amitié veillera. Pour Rosine, Imagine, Un projet qui réussira.

(*Elles sortent.*)

SCÈNE V.

VERJUS, *seul.*

La fille ! la fille ! Eh bien ! elle est charmante cette fille.

Elle se sauve en se bouchant le nez. Un fils de moutardier qui a une odeur de vinaigre, ne dirait-on pas que c'est extraordinaire.... Faut que chacun sente son fruit..... Scélérat de Narcisse, tu vas donc te fixer !.... As-tu abusé du pouvoir de tes charmes de vinaigrier !.... Gredin ! as-tu monté des couleurs aux femmes ! !... à l'avant-dernière, par exemple, cette pauvre Rosine qui m'aimait tant !.... Ce n'est pas ma faute à moi : je m'endors un soir en l'adorant, et le lendemain je me réveille et je ne l'aimais plus..... Cela tient à mon organisation, faut croire. Je ne pouvais pas aller trouver ma victime et lui dire : Vous ne savez pas une chose : je vais me conduire avec vous comme un homme sans éducation, comme un..... drôle..... On ne dit pas à une femme qu'on ne l'aime plus : c'est à elle de voir cela... Ce jour-là on se battait dans Paris ; moi, je suis brave de mon naturel..... je m'étais caché provisoirement..... mais, aussitôt que j'entendis le feu..... je pris.... une plume ! et je fis des adieux à ma bergère comme si j'avais été blessé... ou tué..... Il me semble que c'est un moyen assez romantique de rompre avec une femme ! Et puis, je suis de bon compte, Rosine avait des torts..... elle était jalouse ! oh !.. incroyable..... jusqu'à venir questionner une ouvreuse de loges à l'Ambigu-Comique, et aller prendre des renseignemens sur moi rue Sainte-Appoline au bureau des nourrices : ça passe la permission.

SCÈNE VI.

Mme AMANDA, SENTFORT, VERJUS.

AMANDA.

Je vous disais bien, mon frère, que nous ne trouverions personne...... Vous êtes toujours si lent à vous décider.....

VERJUS, *saluant.*

Monsieur Sentfort.....

SENTFORT.

Eh ! c'est ce cher Verjus ! Soyez le bien venu, mon futur neveu. Ma sœur, je vous présente M. Narcisse Verjus.

VERJUS.

Vinaigrier, rue de Suresne.....

AMANDA, *à part.*

Il est fort bien.

SENTFORT.

Il est sûr et certain que je n'ai pas mal choisi. Ma nièce doit être ici ; vous l'avez vue, sans doute?

VERJUS.

Cher oncle futur, ni vue, ni connue...

SENTFORT.

Ma sœur, allez donc la chercher : il n'est pas convenable de faire ainsi croquer le marmot à un futur époux.

AMANDA.

Je vous l'amène à l'instant. Vous permettez, monsieur?

VERJUS.

Comment donc, madame... Mais faites donc...

AMANDA.

Faites donc! Comme il s'exprime délicieusement!

(*Elle sort.*)

SCÈNE VII.

SENTFORT, VERJUS.

SENTFORT.

Eh bien! vous allez la voir, ma nièce... elle est fort bien.

VERJUS.

Monsieur Sentfort, elle en est capable à tous égards.

SENTFORT.

Une jolie femme, c'est une belle garniture de comptoir pour un vinaigrier, n'est-ce pas?

VERJUS.

A qui le dites-vous? et je sais que madame Verjus pous sera terriblement à la consommation de la moutarde....

SENTFORT.

Puisque nous en sommes sur cet article, écoutez, jeune homme, les conseils de mon expérience.

Air : *Des Comédiens.*

Faire toujours guerre au charlatanisme,
Et rester pur dans l'art du moutardier,
Voici le code et le seul catéchisme
Qui conduiront tes pas dans le métier.

Sur tes bocaux; riant d'un fol usage,
Ne mets jamais d'festons d'or et d'argent;
Le cornichon brillera davantage
Si son piquant est son seul ornement.

De nos journaux fuis l'annonce ruineuse,
Qui, pour vingt sous donn' la publicité;
Par son montant, qu'la moutarde orgueilleuse,
Monte tout' seule à l'immortalité.

Redoute encore le mal épidémique,
Qui d'une enseign' fait un brillant tableau;
Ça m' fait l'effet de dire à la pratique
N'entrez pas là, faut payer l'coup d'pinceau.

Du restaurant tâch' de flatter la carte,
Sans politique ell' se glisse partout,
Depuis qu'on a des côt'lettes à la Charte,
Et qu' les grands homm's donnent leurs noms au ragoût.

Ne te dis pas, dans ces temps d' politique
Brev'té d'un prince, c'est un bel ornement
D'avoir le nom d'un roi sur sa boutique;
Mais faut changer l'enseigne trop souvent.

Faire toujours guerre, etc., etc., etc.

SCÈNE VIII.

LES PRÉCÉDENS, JEANNETTE, AURÉLIE
en ouvreuse de loges.

JEANNETTE, *se disputant à la porte.*

On vous dit d'attendre un moment, vous êtes bien pressée.

SENTFORT.

Eh bien! Jeannette, à qui en as-tu!

JEANNETTE.

C'est une vieille femme qui veut forcer ma consigne, et qui dit qui a des choses les plus importantes à vous communiquer.

AURÉLIE, *échappant à Jeannette, fait une révérence à Sentfort.*

Oui, monsieur, Jeanne Frémont, née natif de Chartres en Beauce, fille, femme, mère et veuve de comédien pensionné de trois théâtres, et ouvreuse de loges à poste fixe à l'Ambigu-Comique.

SENTFORT.

Je ne vois pas, ma brave mère, à quoi vous pouvez m'être utile; je n'ai pas été au spectacle depuis les débuts de monsieur.... Comment l'appeliez-vous donc? Un grand qui assassinait si bien...

AURÉLIE.

Monsieur Defresne.

SENTFORT.

Monsieur Defresne, c'est cela même. Quand il allait faire un mauvais coup, il avait toujours le tein vert et des bottes jaunes.

AURÉLIE.

Précisément... Et M. Tautin!... donc! ah! quel homme! Dieux! quelle mémoire il vous avait; jamais besoin de souffleur, monsieur; et quelle superbe respiration! Je l'ai vu maudire treize femmes et six enfans sans reprendre haleine une seule fois. Ah! comme la loge donnait dans ce temps-là; il y avait des petites affiches sur les murs; mais il y avait en revanche de grandes queues devant les théâtres. C'est tout le contraire, aujourd'hui: les affiches sont si grandes, qu'on dirait qu'elles cachent la porte des spectacles pour empêcher le public d'entrer. Dans le bon temps du boulevard, fallait voir quand le rideau levait, quel silence! on aurait entendu un gendarme couper en quatre une pomme de reinette au paradis. C'était le bon temps, je peux vous le dire, moi, Jeanne Frémont, née natif de Chartres en Beauce, fille, femme, mère et veuve de comédiens, pensionnée de trois théâtres, et ouvreuse de loges à poste fixe à l'Ambigu-Comique.

SENTFORT.

Aujourd'hui, il n'y a plus dans les spectacles que les billets gratis.

AURÉLIE.

Le billet gratis, c'est ruineux.

SENTFORT.

Pour ceux qui les donnent.

AURÉLIE.

Non pour ceux qui les reçoivent.

SENTFORT.

Un billet qui ne coûte rien.... ruineux?

AURÉLIE.

Sans doute, et voici comment. D'abord, il faut que celui qui l'a reçu paie le droit des pauvres, puis il passe au bureau pour payer le droit des indigens, jusqu'à ce qu'il arrive à l'endroit où il faut qu'il paie le droit des hospices; nous avons ensuite le droit pour la caisse des pensions; puis, si vous êtes avec une dame comme il faut, le bâton de sucre d'orge, le bouquet de violette, le petit banc, le programme, le journal du soir, omnibus pour aller, omnibus pour revenir; s'il fait chaud, de la bierre. Calcul fait, un billet gratis coûte trois livres douze sous. J'en sais quelque chose, moi, Jeanne Fremont, née natif.....

VERJUS.

Vous nous avez déjà dit vos titres.

AURÉLIE.

Excusez... (*regardant Verjus.*) Ah! mon Dieu!

VERJUS.

Eh ben! qu'est-ce qu'elle a donc?

AURÉLIE.

Je ne pouvais pas mieux choisir mon temps pour faire ma visite.... Oh ! faites l'étonné, regardez-moi ; nous connaissons ces petites scènes de comédie, nous autres ; monsieur est le neveu futur.... monsieur est l'oncle, c'est précisément ce que je cherchais, je ne pouvais pas mieux rencontrer.

SENTFORT.

Ah ça ! voyons, j'y comprendrai peut-être quelque chose, à la fin.

AURÉLIE.

Oui, oui, monsieur, ce ne sera pas long. Monsieur ici présent, qui n'a pas l'air de me reconnaître, est un monstre ! un mauvais sujet ! un vaurien !

VERJUS.

Ah çà ! est-ce qu'elle vient faire ici des cancans, cette vieille folle ?

AURÉLIE.

Vieille, c'est possible, c'est que j'ai été jeune ; mais folle, rayez cela de votre catalogue. Une femme à qui l'administration confie la surveillance de treize loges, de trente banquettes, et de soixante-dix spectateurs des deux sexes, n'est pas une folle ; il faut qu'elle ait bon pied et surtout bon œil, et, Dieu merci, l'œil ne lui manque pas.

VERJUS, *à part.*

Ni la langue.

AURÉLIE.

C'est pour cela qu'elle a pu connaître votre conduite dans les couloirs de l'Ambigu.

SENTFORT.

Les couloirs de l'Ambigu !

AURÉLIE.

Comique !

SENTFORT.

Comique ! Qu'est-ce que cela signifie, M. Hyacinthe ?

AURÉLIE.

Oh! il vous fera quelques contes; mais voici les faits.... Je suis mère, monsieur; on a une fille, que je peux dire sans vanité la perle des coulisses; elle s'est lancée dans les ballets et vous fait une pirouette comme j'ose croire que mademoiselle Taglioni, que je ne connais pas, ne ferait pas mieux, c'est jeune, ça court, ça trotte, ça jase dans les colidors, et vous concevez ben que l'œil d'une mère ne peut pas être à la fois aux loges, aux petits bancs et à sa fille. M. Hyacinthe est venu rôder auprès de Lucrèce.... C'est le nom de ma fille.

VERJUS.

C'est un conte....

AURÉLIE.

Je vous dis que vous avez d'abord rôdé autour de Lucrèce.... Ce n'est pas tout, j'ai prévu le coup, et je me suis tenue à mon poste. Alors, qu'a fait l'entreprenant jeune homme....

SENTFORT.

Qu'a-t il fait?

AURÉLIE.

Il s'est entendu avec deux ou trois complices qui frappaient en dedans des loges... L'ouvreuse!... l'ouvreuse!... la porte! — On y va!... messieurs... on y va!... J'accourais, et, quand la porte était ouverte, il se trouvait que personne n'avait frappé, et pendant que je faisais le voyage.... monsieur.... cajolait ma fille.... (*Elle pleure.*)

VERJUS.

Oui, va, pleurniche, vieille bête!... Est-ce que je vous connais, seulement, c'est une femme qui spécule sur mon mariage, et qui veut demander des dommages et intérêts.... C'est connu.... ça ne prend plus.

AURÉLIE.

Des dommages-intérêts!... C'est une réparation en bonne règle et en forme que je veux. Oh! Lucrèce m'a tout conté.

VERJUS.

Eh! bien, elle est encore étonnante, cette Lucrèce-là!

AURÉLIE.

Vous lui avez promis le mariage.

SENTFORT.

Il a promis le mariage à votre fille?

AURÉLIE.

Et quand j'ai appris qu'il venait donner à votre nièce la main qu'il avait promise à ma fille.... je me suis dit : c'est encore un malheur qu'il va faire dans cette famille-là.... faut que je le prévienne, c'est un acte de charité.

VERJUS.

Il ne vous faut rien pour cela?

AURÉLIE.

Et je me suis mise en route; voilà monsieur averti.... qu'il agisse comme il voudra, je sais ce qu'il me reste à faire. Dieu merci, les lois et le correctionnel ne sont pas pour les chats; c'est moi qui vous dis cela, Jeanne Frémont, née native de Chartres en Beauce, fille, femme, mère et veuve de comédiens, pensionnée de trois théâtres, ouvreuse de loges à poste fixe à l'Ambigu-Comique.

(*Elle sort.*)

SCÈNE IX.

SENTFORT, VERJUS.

SENTFORT.

Ah ça! M. Hyacinthe, vous allez, j'espère, me donner des explications?

VERJUS.

Certainement que je ne refuse pas de vous donner des explications.... vous avez le droit d'en exiger.... satanée vieille, va.... où diable m'a-t-elle vu; je ne me rappelle pas moi-même....

SENTFORT.

Eh bien! M. Verjus, je vous attends?

VERJUS, *à part.*

Oh! oh! v'là le cher oncle qui monte sur ses grands chevaux.... (*Haut.*) Dam! voyez-vous, c'est que je ne sais ma parole pas comment vous dire; c'est si bête.... c'est si peu de chose.

SENTFORT.

Peu de chose! une promesse de mariage!

VERJUS.

Est-ce que vous croyez cela?... D'abord, je vous jure ma parole d'honneur que je ne sais pas si j'ai jamais parlé à sa fille.

SENTFORT.

Elle ne le dirait pas.

VERJUS.

Oh! mais c'est qu'elles sont comme ça dans les coulisses.... Tenez, une supposition.... voilà.... vous êtes un homme sans idée, n'est-ce pas?

SENTFORT.

Comment, un homme sans idée?

VERJUS.

Sans idée pour les actrices. Eh ben! vous montez sur le théâtre avec un machiniste, ou avec un pompier.... vous voyez une jeune nymphe, ou une fée, ou un diable.... Enfin n'importe.... Vous lui dites comme ça, si c'est un diable: Ah! mam'zelle, vous avez là deux bien jolies cornes, ou ben vous avez des griffes charmantes. Voilà tout de suite une femme qui se monte la tête.... et qui s'en va dire le lendemain à tout le monde: Vous savez ben ce monsieur qui est venu hier aux coulisses.... ce monsieur qu'a l'air si aimable. Je parle de vous.... c'est toujours une supposition.... Eh bien! il est amoureux de moi!... il m'a proposé le mariage.... Ah! mais v'là comme elles sont aux coulisses.

SENTFORT.

Comment, tu n'as pas fait autre chose que ça?

VERJUS.

Que de flaner dans un couloir où peut-être par hasard Lucrèce, puisque Lucrèce il y a, aura passé.... Cependant, je ne vois pas de Lucrèce à l'Ambigu; en définitif, j'ai fait ce que tout homme jouissant de sa liberté de célibataire aurait fait.

SENTFORT.

Eh bien! voyons, n'en parlons plus; mais j'espère que désormais, mon cher Verjus, tu ne seras plus aussi inconséquent.

VERJUS.

Oh! inconséquent! c'est le mot.... c'est-à-dire que, je l'aurais cherché pendant deux heures, vous l'avez trouvé tout de suite, vous.... Inconséquent, mais non criminel. Il y aurait plus que de l'étourderie; ça friserait l'indélicatesse.

SENTFORT.

Mon garçon, je pense comme toi, ça la friserait, c'est le mot.

VERJUS.

Ah! celui-là c'est moi qui l'ai trouvé.

SCÈNE X.

LES MÊMES, AURÉLIE, *en nourrice.*

AIR : *J'te casserai la gueule*, etc.

On dit que dans cette maison
S' cach' l' père d' mon nourrisson;
J' viens lui rafraîchir la mémoire,
Oui, c'est ben lui que j'aperçois.
C'est Jeanneton, r'connais son minois,
Approche donc criquet,
Freluquet,
Gringalet,
Que j' te casse la tête et la mâchoire.

VERJUS.

Qu'est-ce que c'est que ce genre-là?....

SENTFORT.

La mâchoire !... A qui en avez-vous donc, la mère ?

AURÉLIE.

Au père que v'là ; ça s' donn' les tons d'augmenter la population, et ça lève le pied pour ne pas jouer du pouce avec la nourrice.

SENTFORT.

Quelle abomination ! Qu'avez-vous à répondre, perfide jeune homme ?

VERJUS.

Je demeure atterré !... telle est ma réponse.

AURÉLIE.

Ce n'est pas le tout, mon p'tit, qu' d' bâtir, faut entretenir.

VERJUS.

Bâtir ! entretenir !... Est-ce que j'ai bâti, moi.... Je ne vous connais pas, passez votre chemin.

AURÉLIE *allant vers lui en le menaçant.*

Ah ! vous ne me connaissez pas !

SENTFORT, *la retenant.*

Nourrice ! nourrice ! modérez-vous, par considération pour ma maison et pour votre lait, qui pourrait tourner.

AURÉLIE, *regardant Sentfort.*

Oh ! la bonne tête ! Tenez, mon brave homme, je vous juge.

SENTFORT.

Oui, je veux être juge ! morbleu ! corbleu ! ventrebleu !

VERJUS.

C'est ça, je vous fais juré !

SENTFORT.

Je jurerai si je veux, ça ne vous regarde pas.

VERJUS.

Qu'est-ce qui vous parle de ça. La nourrice vous dit je vous fais juge, moi je vous dis je vous fais juré... substantif masculin, singulier.

SENTFORT.

Alors, dites donc jury.... C'est que je l'ai été souvent. Ne cherchez pas à embrouiller la procédure; ceci me fait l'effet de coïncider avec la Lucrèce en question. Les débats sont ouverts; parlez, nourrice. (*Il s'assied et prend l'air imposant.*) Qui êtes-vous?

AURÉLIE.

Jeanneton Godichard, d' Nogent-l'-Rotrou, connue avantageusement pour l'allaitement et le sevrage; je somm's sans vanité le plus beau lait d' la commune, et le journal du pays m'a surnommée la crême du département. Dieu merci, Jeanneton connaît son métier, et avec le poupon v'là ma recette.

AIR : *De Panseron.*

Faut l' bercer, (*bis.*)
Avec adresse il faut le caresser,
L'assoupir,
L'endormir,
Sans l' faire crier,
Voilà l' métier.

Auprès de lui que je veille,
Si l' marmot me fait enrager,
Aussitôt qu'il s'éveille,
S'il demande à manger.

Faut l'bercer, (*bis.*)

Du refrain d' la nourrice,
D'aut's font usag', quand l' peuple, hélas!
Rêve liberté!... justice!...
Y en a qui disent tout bas :

Faut l' bercer, (*bis.*)

SENTFORT.

Faut l' bercer! faut l' bercer! Ne parlons pas politique, le tribunal vous engage à vous renfermer.... dans votre déposition.

VERJUS.

M. le président.... c'est cela, qu'on la renferme.... rendez-moi ce service-là.

SENTFORT.

Silence ! jeune homme. La cour rend des arrêts et non pas des services. Continuez, nourrice, et ne divaguez pas.

AURÉLIE.

Pour lors.... y a comme qui dirait aux environs de six mois, j'étais devant le bureau des nourrices, contre la borne, comme qui dirait contre vous.

SENTFORT.

Continuez....

AURÉLIE.

Air : *De Marianne.*

Ma p'tit' dam' cherche-t-elle un' nourrice,
Mon gros m'sieu pour son p'tit garçon,
Veut-il accepter le service
D' la meilleur' nourrice du canton.
V'là c' que j' disais,
C' que j' répétais,
Mais les bourgeois
Etaient sourds à ma voix ;
Plus d'un passant,
En s'arrêtant,
Me regardait,
M'inspectait,
M' marchandait ;
Et si j'avions eu le caprice
de prend' aut' chos' que des enfans,
Plus d'un galant de soixante ans
Se s'rait mis en nourrice. (*bis.*)

SENTFORT.

J' crois bien ; elle est encore rubiconde.

AURÉLIE.

Il n'y en a qu'un qui voulut mordre.... Le v'là. Nourrice, qu'y m' dit, j' sais queuq' chose pour vous du sexe masculin. Là-dessus, il me donne une adresse, rue des Enfans-Rouges n° 10. Je m'y transporte, j'ouvre la porte, et je remporte un nourrisson que je porte à la voiture rue des Deux-Portes.

VERJUS.

Diable t'emporte !

SENTFORT.

Je vois ce que l'accusation comporte ; infâme accusé, qu'avez-vous à répondre ?

VERJUS.

Ce que j'ai à répondre.... Je réponds par une anecdote historique, allégorique. Hier, je faisais un dîner copieux à vingt-deux sous par tête, passage de la Marmite. Garçon, de la moutarde ! On m'en présente un pot.... Détestable ! m'écriais-je ! Mais, me dit le garçon, elle vient de la fabrique de M. Sentfort. C'est impossible, le célèbre Sentfort ne fabrique pas de la camelotte.

SENTFORT, *vivement.*

Bien, jeune homme !...

VERJUS.

Vous étiez calomnié hier, je le suis aujourd'hui ; vous n'aviez pas fabriqué le pot de moutarde, je n'ai pas confectionné l'enfant.

SENTFORT.

La défense est serrée et demande réflexion.

VERJUS.

Voyez si vous voulez frapper un innocent et le rendre victime d'un guet-à-pens de nourrice qui a sucé le lait de l'intrigue et de l'astuce.

SENTFORT.

Non, non, tu n'es pas coupable : le pot de moutarde m'a fait sentir la force de tes raisonnemens.... et....

AURÉLIE.

Et vous allez faire une bévue. Savez-vous lire ? Tenez, mettez ça sous vos lunettes.

SENTFORT.

Une nouvelle pièce ?

AURÉLIE.

Et vous allez voir que c'est la pièce curieuse.

SENTFORT.

ısons ! Votre signature , Verjus !

VERJUS , *regardant, dit à part :*

Ma lettre d'adieu à Rosine.

SENTFORT, *lisant.*

« Ma chère amie, je sens.... »

AURÉLIE.

Passez, passez.... plus bas.... ici....

SENTFORT, *lisant.*

« Ne crains point d'être compromise, ma bien-aimée, » par ton petit Jusvert.... »

AURÉLIE.

Comment Jusvert!...

SENTFORT.

Verjus.... Jusvert.... Verjus.... c'est toujours la même chose (*Lisant.*) « Par ton petit Verjus; le gage de notre » amour, qui est ton ouvrage et le mien.... est remis en » mains sûres, une femme sage. »

AURÉLIE.

C'est-à-dire une sage-femme !

SENTFORT.

Ça n'est pas la même chose.

AURÉLIE.

Continuez, vous verrez que c'est cela.

SENTFORT, *lisant.*

« Une femme sage s'est chargée avec moi de le placer » convenablement. »

AURÉLIE.

C'est y clair ça, c'est l'enfant.

SENTFORT, *continuant.*

« Et il ne sera remis qu'à toi seule! Quant aux che-
» veux.... »

AURÉLIE.

Les cheveux du poupon.

SENTFORT, *lisant.*

« J'en emporte une mèche dans la tombe. » Accusé, vous vouliez donc descendre dans la tombe? Je tombe de mon haut!...

AURÉLIE.

Oui, ça a fait l' mort pour ne pas épouser la mère, et pour ne pas payer les mois de nourrice.

SENTFORT.

Le voilà donc connu ce secret plein d'horreur!... Oui, l'ouvreuse était bien la mère de votre victime.... Vous êtes un infâme moutardier.... Allez ensevelir votre honte dans une arrière-boutique; le vinaigre vous rejette et le cornichon vous renie!... Suivez-moi, nourrice.

AIR : *De Wallace.*

Ensemble.

VERJUS.	SENTFORT.
Ah! c'est Epouvantable, M'accuser d' trahison; Je ne suis pas coupable, Vous perdez la raison.	Ah! c'est épouvantable, C'est une trahison; Vinaigrier coupable, Sortez de ma maison.

(*Ils sortent, excepté Verjus.*)

SCÈNE XI.

VERJUS, *seul.*

Ah ça! qu'est-ce qui m' tombe sur la tête.... C'est une tuile.... une cheminée.... un entablement.... Vinaigre, tu me rejettes! cornichon, tu me renies!... Pourquoi? moi qui vous fais, que vous ai-je fait? Ah! M. Sentfort, vous ne voulez pas de moi pour neveu? Eh bien? moi, je ne veux pas de vous pour oncle.... nous sommes quittes.... Dieu merci, le sexe est abondant, et quand comme moi on a un beau physique et un bon fonds, on trouve toujours chaussure à son pied.... Décampons d'ici au plus vite.... Jeannette!

SCÈNE XII.

VERJUS, JEANNETTE.

VERJUS, *se promenant avec importance.*

Donne-moi mon paquet, que j' file!

JEANNETTE.

Où donc q' vous allez?

VERJUS.

Je ne sais pas.

JEANNETTE.

Alors, vous ne vous perdrez pas en route.

VERJUS.

Ma valise?

JEANNETTE.

Elle est en bas.

VERJUS.

Je vas la chercher.... mais avant il me faut un baiser.

JEANNETTE, *lui donnant un souflet.*

Le v'là.

VERJUS.

Merci.... Je me suis bien amusé ici, j'ai fait un joli voyage d'agrément.

(*Il sort.*)

SCÈNE XIII.

JEANNETTE, puis ROSINE.

JEANNETTE.

V'là encore un mariage manqué. j' vous dis q' c'est le diable pour assortir les hommes et les femmes. (*A Rosine qui paraît.*) Ah ! mademoiselle Rosine ! ça va joliment bien pour vous.

ROSINE.

Explique-toi.

JEANNETTE.

L' bourgeois a dit à M. Verjus, j' l'ai entendu de ma cuisine.... vous êtes un infâme moutardier! le vinaigre vous rejette et le cornichon vous renie !

ROSINE.

C'est déjà un grand point gagné.... mais le plus difficile n'est pas fait. Narcisse reviendra-t-il à moi ? tiendra-t-il la promesse qu'il m'a faite ?

JEANNETTE.

C'est pas pour dire, mamz'elle, vous en t'nez joliment pour le vinaigrier.... Moi, si j'étais que d' vous, je sais ben c' que je ferais.

ROSINE.

Et que ferais-tu ?

JEANNETTE.

Je me ferais Saint-Simonienne.

ROSINE.

Ma foi, si je croyais que cela pût le vexer, je prendrais tout de suite la citadine de Ménil-Montant.

JEANNETTE.

Eh ben! mamz'elle, monsieur Narcisse, pour s'en aller, est forcé de passer par ici.... parlez-y, et si vous n'êtes pas contente de ce qu'y vous dira, nous monterons ensemble sur la hauteur.... Vous verrez comme les apôtres sont bons pour les femmes.... En attendant, je retourne auprès de madame Aurélie, en cas qu'elle ait besoin de moi pour queuque nouvelle frime.

ROSINE.

Ah ! mon Dieu ! mon Dieu ! comment tout cela finira-t-il ?

JEANNETTE.

Mais n' vous tourmentez donc pas comme ça ; qu'est-ce que vous risquez, puisque j' vous dis que j' vous f'rai entrer Saint-Simonienne? Voilà votre sort assuré.

(*Elle sort.*)

SCÈNE XIV.

ROSINE, *seule.*

Comment M. Narcisse va-t-il me recevoir ?... Peut-être fera-t-il semblant de ne pas me reconnaître. Les hommes sont si peu délicats.... Ah ! j'aurais bien mieux fait d'épouser ce p'tit marchand de vin en gros que je ne pouvais pas sentir, que de m'attacher à l'ingrat que j'aime.

Air : *De Céline.*

Dans deux âmes qu'amour tourmente
Vit-on jamais égale ardeur ?
Du cœur, la flamme qui s'augmente,
De l'autre, hélas ! enfante la tiédeur !
Oui, notre sexe, en sa faiblesse extrême,
Devrait toujours, d'un grand courage armé,
Sacrifier celui qu'il aime
A celui dont il est aimé.

Ah ! mon Dieu ! le voici !.... Comme mon cœur bat !

SCÈNE XV.

ROSINE, VERJUS.

VERJUS.

Le père Sentfort m'a donné mon paquet, voilà le mien...

En route. (*A part.*) Rosine!... Oh! la! la!... Deuxième cheminée qui me tombe sur la tête.

ROSINE.

M. Narcisse!....

VERJUS.

(*A part.*) Que lui dire, moi qui lui ai écrit que j'étais mort de mon vivant!... Oh! si je me faisais passer pour mon ombre!.... Oh! non, je suis trop engraissé depuis quelque temps.

ROSINE.

Vous ne me répondez pas.... vous êtes honteux, il y a de quoi... Quelle horreur! m'écrire que vous êtes mort, quand vous êtes gros et gras.... et cela pour vous débarrasser de moi. (*Elle pleure.*) Ah! monsieur, je ne vous croyais pas capable de vous tuer en effigie pour ne pas tenir votre parole.

VERJUS.

(*A part.*) Vite une gosse. (*Haut.*) Écoutez, Rosine, quand je vous ai fait mes derniers adieux sur papier Weynen, c'est que je me croyais mort; je venais de recevoir une balle!...

ROSINE.

Ah! mon Dieu!

VERJUS.

Dans mon chapeau!.... Six pouces plus bas, plus de Verjus! ma tête était.... fricassée!... non, non, fracassée!....

ROSINE.

Eh bien! pourquoi n'êtes-vous pas venu vous-même m'apprendre votre heureuse méprise?

VERJUS.

Je m'y rendais!... quand tout à coup une pensée m'a fait descendre de l'Omnibus!... Que vas-tu faire, malheureux!... m'a crié tout bas ma conscience.... que vas-tu faire, en épousant Rosine?... Une veuve.... une veuve infortunée!... car avec tes opinions exaltées, ta tête volcanisée, tu ne manqueras pas de te faire tuer à la première émeute...

Je vous le dis, Rosine, jamais je ne vous épouserai; je souffrirais trop après ma mort de savoir que je laisse une veuve inconsolable !....

ROSINE.

Eh bien ! marions-nous tout de même; je vous promets que si j'ai le malheur de vous perdre je me consolerai tout de suite.

VERJUS.

Non !... non !... vous me dites cela, mais vous me pleurerez.... qu'est-ce qui sait, peut-être toute votre vie....

ROSINE.

Puisque je vous dis que non ?... qu'est-ce que cela vous fait ?... Ah! j' vois bien que vous ne m'aimez plus !... il vous faut un riche parti !

VERJUS.

Moi ! par exemple ! Le parti qui me convient c'est de mourir garçon.

SCÈNE XVI.

LES MÊMES, AURÉLIE, *en petit coureur d'estaminet.*

AURÉLIE.

Air : *De la Caricature.*

Aussi bon cœur que mauvais' tête,
On m' connaît à l'estaminet;
Toujours en noce, en q'relle, en fête,
J' suis le franc mauvais sujet.
A tous jeux,
J' suis fameux,
Domino,
Loto,
Billard, piquet, *et cetera*,
Pour cela
J' suis bon là,
Malin qui m'enfoncera;
Et s'il me survient une affaire,
N'imitant pas maints freluquets,
J' déjeune avec mon adversaire,
Et puis je le tue après.

J' laisse le choix
Aux bourgeois,
Pistolets,
Fleurets,
Bâtons,
Chausson,
Coups de poing, briquet,
Me voilà,
Je suis là,
Voyons qui s'alignera.

Aussi bon cœur que mauvaise tête
On m' connaît à l'estaminet;
Toujours en noce, en q'relle, en fête,
Voilà (*bis*) l' franc mauvais sujet.

VERJUS.

Jeune homme, je ne dis pas l' contraire, mais à qui en avez vous?

AURÉLIE.

A vous; deux mots en particulier. Quoique le sexe ne soit jamais de trop nulle part, veuillez, jeunesse, vous dissimuler un quart-d'heure.

(*Elle lui donne la main et la reconduit en lui faisant des signes.*)

SCÈNE XVII.

VERJUS, AURÉLIE.

AURÉLIE.

Comme elle est jolie!... que de grâces! de candeur! de douceur! En sa présence, je sens mon cœur qui fermente comme une bouteille de bierre! Son regard m'a fait autant d' plaisir qu'un petit verre, ou qu'un cigarre de la Havanne.

VERJUS.

Oui, elle n'est pas mal!...

AURÉLIE, *lui saisissant le bras.*

Pas mal! Dites donc qu'elle est délirante! ravissante! étourdissante!... La taille svelte comme une queue de billard, et les yeux grands comme des blouses. Enfin, quand je la vois avec un autre, c'est de la fureur, de la jalousie; enfin, je tuerais tout, quoi!

VERJUS.

C'est un amour de cour d'assises que vous avez là. C'est bien heureux que je n'aie plus d'idée pour Rosine : car avec mon caractère, ça deviendrait une véritable boucherie!

AURÉLIE.

Vous ne l'aimez plus?

VERJUS.

Du tout, du tout, du tout; je professe pour elle la plus inébranlable indifférence! c'est-à-dire que je n'y pense pas plus qu'à l'habit de ma première communion.

AURÉLIE.

Il faut y penser.

VERJUS.

A l'habit de ma première communion?

AURÉLIE.

Non monsieur! à mademoiselle Rosine, et y penser sérieusement, pour le bon motif.... tout-à-fait, vous m'entendez?....

VERJUS.

Je vous entends, mais je ne vous comprends pas.

AURÉLIE.

Voilà la chose; j'adore Rosine, et la meilleure preuve, c'est que je ne l'épouse pas.

VERJUS.

Elle est gentille, votre preuve.

AURÉLIE.

Je ne l'épouse pas, parce que je ne ferai pas son honheur, vu que l'estaminet n'a jamais été une bonne école d'enseignement mutuel.... pour les maris.... et j'ai mieux que ça sous la main.

VERJUS.

C'est moi que vous avez sous la main?

AURÉLIE.

Eh bien! vous y êtes.... et vous comprenez.... Ainsi, tout bien pesé et calculé.... attendu que le sieur Philibert, dit le franc mauvais sujet, se reconnaît, par ses qualités, impropre aux fonctions embêtantes du mariage; vu que le nommé Narcisse Verjus a tout ce qu'il faut depuis les pieds jusqu'à la tête pour faire ce qu'on appelle un bon mari, nous avons ordonné et ordonnons ce qui suit : — Article premier : Ledit sieur Narcisse épousera, dans le plus court délai possible, c'est-à-dire tout de suite, mademoiselle Rosine. — Article 2. Le sieur Philibert est chargé de l'exécution des présentes.

VERJUS.

Tiens! c'est comme l'ordonnance pour la marche du bœuf gras.

AURÉLIE.

Ce sera la vôtre, et vous vous y conformerez.

VERJUS.

Vous le prenez sur un ton!....

AURÉLIE.

Ah! tu te fâches! c'est ce que je demande.

VERJUS.

Je ne me fâche pas, je fais une simple réflexion.

AURÉLIE.

L'épouseras-tu? oui ou non?

VERJUS.

Vous y mettez trop de douceur....

AURÉLIE.

AIR : *Ils descendent ici.*

Rosine vient ici,
Je l'entends, la voici;

C'est le moment
D'être galant,
Et jetez-vous
A ses genoux.

VERJUS, *à part.*

Je ne veux pas mourir,
J'aime bien mieux fléchir.

Chant.

C'est un plaisir
Que d'obéir,
Quand on s'y prend
Si poliment.

(*Aurélie sort.*)

SCÈNE XVIII.

VERJUS, *seul.*

Je ne sais pas si ce sont les coups de pieds du camarade qui m'ont fait un effet.... mais jamais je n'ai trouvé Rosine plus jolie.... Oh! mais v'là que je l'aime comme jamais.... C'est un feu concentré qui se développe.... Ah! ma foi, tant pis pour mon amour-propre.... décidément je me marie.

AIR : *Mon ami l'Établi*, (de la Mauvaise Langue.)

Oui, je veux entrer en ménage,
On dira d' moi c'est un d' plus;
L' vrai bonheur est dans l' mariage,
Rien d'heureux comm' les.... maris.

Pour augmenter ma clientelle,
Moi, j'imagine un fameux plan;
Pendant que ma femm' toujours belle,
Pour mieux attirer le chalan,
Agac'ra la pratique,
Par son minois fripon,
Moi dans l'arrièr' boutique
Je f'rai le cornichon.

(*Parlé.*) Et puis quand on est marié, on dit ma femme par ci, ma femme par là.... Si l'on reçoit un billet de garde, on dit ma femme j' suis enrhumé.... va donc trouver l' sergent-major.... Ou ben encore si le commissaire vous a fait un procès-verbal, parce que la boutique aura été fermée tard, ou ben parce qu'on aura pas balayé le matin.... on dit ma femme, va donc voir le commissaire, t'arrangeras c't'affaire-là.... Et l'on ne monte pas sa garde, et l'on a pas de procès-verbal.... parce qu'un sergent-major et un commissaire n'ont rien à refuser à une jolie femme. Et puis enfin, on a des enfans qui vous ressemblent, ou qui ne vous ressemblent pas....

Oui ; je veux entrer en ménage, etc.

(*A la fin de la reprise, Rosine paraît.*)

SCÈNE XIX.

ROSINE, VERJUS.

VERJUS, *courant à elle.*

Ah! Rosine! Rosine! voyez l'ouvrage de la réflexion; Narcisse est à vos genoux.... il veut y mourir, c'est-à-dire qu'il y vient pour ne pas mourir.

ROSINE.

Vous, Narcisse, repentant ?...

VERJUS.

Ah! ne parlons pas du passé, vivons du présent, espérons dans l'avenir; Rosine, pardonne à ton petit Jus... Jus..

SCÈNE XX.

LES PRÉCÉDENS, SENTFORT, AMANDA, AURÉLIE.

SENTFORT.

Eh bien! voilà, Dieu me pardonne, cet infâme aux genoux de la couturière de ma nièce.

ROSINE.

Ah! monsieur Sentfort, ne l'accusez pas sans nous entendre; il a expié tous ses torts; nous vous expliquerons cela. Sachez seulement que, grâce à votre aimable nièce, j'ai retrouvé le bonheur; c'est elle que vous avez vu sous les traits de l'ouvreuse de loges.

SENTFORT.

Quoi! ma nièce?...

AURÉLIE.

Oui, mon oncle! c'était moi Jeanne Frémont, née native de Chartres en Beauce....

ROSINE.

C'était encore elle la nourrice.

AURÉLIE.

Qui vous disait faut l' bercer, faut l' bercer....

ROSINE.

Enfin, c'était le petit coureur de café, signé Philibert, qui se charge de l'exécution de la présente ordonnance.

SENTFORT.

Ah! quand je l'ai vu passer, j'ai cru que c'était notre voisin, qui passe sa vie à la tabagie des Quatre parties du Monde.... où il est toujours seul.

VERJUS.

Ah ben! elles m'ont mis joliment dedans!... C'est égal.

ROSINE.

Tous les moyens sont bons pour ramener les infidèles.

VERJUS.

Si la recette est bonne, je vous conseille de la débiter en détail, vous ne manquerez pas de pratiques.

SENTFORT.

Bravo! bravo! ma nièce, tu étais pour être comédienne.

SCÈNE XXI ET DERNIÈRE.

LES MÊMES, JEANNETTE, *arrivant avec un paquet.*

JEANNETTE.

C'était là sa capacité, et moi, monsieur, comme la

mienne ne se trouve plus en rapport avec mes sympathies... comme dit le père.... je viens vous avertir que j'ai reçu une lettre d'initiation.... Je me retire chez les Saint-Simoniens.... et je suis nommée blanchisseuse sous les ordres d'un ancien général, qui est chargé de repasser les cols à la mécanique, et de plisser les collerettes à la vapeur.

SENTFORT.

C'est bon ! c'est bon !... j' vous le disais bien qu'elle se ferait Saint-Simonienne. Allons, ma nièce, tu as réhabilité la comédie de société : au fait, en ce moment, partout on la joue.

VAUDEVILLE.

AIR :

SENTFORT.

Comédie, (*bis.*)
Ici bas c'est aux plus malins
Et bien dupe qui se fie
Aux grimaces de nos pantins.

TOUS.

Comédie, etc.

AMANDA.

Tartuffe de la bienfaisance,
Plus d'un riche près de sa fin,
Lègue un palais à l'indigence,
Lorsque son père au grenier meurt de faim

TOUS.

Comédie, etc.

VERJUS.

Chemins en fer, que la vapeur enfante,
Qui mènerez pour six sous sans cahos,
L' Parisien déjeuner à Mantes
Et l' même soir souper à Bordeaux.

TOUS.

Comédie, etc.

ROSINE.

Hier la fille de notre concierge,
Devant l' banquier qui la lanc'ra,

Essayait une robe à la vierge,
Pour débuter à l'Opéra.

TOUS.

Comédie, etc.

SENTFORT.

Discours brillans, belles promesses,
Sur l'impôt qui grossit toujours ;
Sermens d'ivrogn', sermens d' maîtresses,
Sermens d' ministres, sermens d' cours.

TOUS.

Comédie, etc.

JEANNETTE.

Agens de la force publique,
Gendarm's, qui courez sur vos ch'vaux,
Pour attraper la république,
Et n'attrapez q' des rhum's de cerveaux.

TOUS.

Comédie, etc.

AURÉLIE, *au public.*

Quand l'auteur d'un nouvel ouvrage
Veut fixer un succès brillant,
Sous le lustre il met, c'est l'usage,
Un tonnerre d'applaudissemens.

Comédie,
Comédie,
Quant à nous, nous espérons voir
Ce soir, la pièce applaudie,
Par bonté, mais non par devoir.

TOUS.

Comédie, (*bis.*)
Quant à nous nous espérons voir, etc.

VERSAILLES. — IMPRIMERIE DE MARLIN.

www.ingramcontent.com/pod-product-compliance
Ingram Content Group UK Ltd.
Pitfield, Milton Keynes, MK11 3LW, UK
UKHW021957260726
13994UKWH00004B/1807

9 782329 390772